BEI GRIN MACHT SICH IHR WISSEN BEZAHLT

- Wir veröffentlichen Ihre Hausarbeit, Bachelor- und Masterarbeit

- Ihr eigenes eBook und Buch - weltweit in allen wichtigen Shops

- Verdienen Sie an jedem Verkauf

Jetzt bei www.GRIN.com hochladen und kostenlos publizieren

Künstliche Intelligenz und IT-Sicherheit

Döndü Emili

Bibliografische Information der Deutschen Nationalbibliothek:

Die Deutsche Nationalbibliothek verzeichnet diese Publikation in der Deutschen Nationalbibliografie; detaillierte bibliografische Daten sind im Internet über http://dnb.d-nb.de abrufbar.

ISBN: 9783346476319
Dieses Buch ist auch als E-Book erhältlich.

© GRIN Publishing GmbH
Nymphenburger Straße 86
80636 München

Druck und Bindung: Books on Demand GmbH, Norderstedt Germany
Gedruckt auf säurefreiem Papier aus verantwortungsvollen Quellen

Das vorliegende Werk wurde sorgfältig erarbeitet. Dennoch übernehmen Autoren und Verlag für die Richtigkeit von Angaben, Hinweisen, Links und Ratschlägen sowie eventuelle Druckfehler keine Haftung.

Das Buch bei GRIN: https://www.grin.com/document/1067388

Inhaltsverzeichnis

Abkürzungsverzeichnis 1

1. Einleitung und Zielsetzung 2

2. Künstliche Intelligenz und IT-Sicherheit 2

    2.1 Künstliche Intelligenz 2

    2.2 IT-Sicherheit 4

3. Künstliche Intelligenz unterstützt IT-Sicherheit 4

    3.1 Angriffserkennungssystem 5

    3.2 Abwehrsystem 6

    3.3 Authentisierungsverfahren 7

4. Dual-Use von KI 8

    4.1 Social Engineering 9

    4.2 Das genutzte KI-System 10

5. Datenschutzrechtliche Anforderungen 12

6. Organisatorische Maßnahmen und Auswirkungen 14

    6.1 Erfassung von Schutzmaßnahmen 14

    6.2 Meldepflichten 15

    6.3 Compliance 15

    7. Fazit 16

    Literaturverzeichnis 18

Abkürzungsverzeichnis

BMWi .... Bundesministerium für Wirtschaft und Energie

BSI .... Bundesamt für Sicherheit in der Informationstechnik

DS-GVO .... Datenschutz-Grundverordnung

IMW .... Internationales Management und Wissensökonomie

KI .... Künstliche Intelligenz

o. D. .... ohne Datum

1. Einleitung und Zielsetzung

Technologien, die auf künstlicher Intelligenz (KI) basieren, durchdringen zunehmend alle Lebensbereiche. Als *General Purpose Technology* (Allzwecktechnologie) hat KI Auswirkung auf die gesamte Gesellschaft und das Potenzial, die Wirtschaft ähnlich wie Elektrizität oder das Internet zu verändern. Vor diesem Hintergrund stellt sich die Frage, ob KI eingesetzt werden kann, um die IT-Sicherheit von IT-Systemen zu erhöhen, oder sie vielmehr eine Gefahr für die IT-Sicherheit darstellt.

Ziel der vorliegenden Seminararbeit ist es, das Zusammenspiel von KI und IT-Sicherheit zu betrachten und die daraus resultierenden organisatorischen und technischen Auswirkungen zu beleuchten.

Zunächst erfolgt eine Einordung der Begriffe KI und IT-Sicherheit. Im Anschluss wird die Unterstützung von Sicherheitskonzepten durch KI beschrieben. Hierbei wird zum Beispiel erläutert, wie Methoden des maschinellen Lernens angewendet werden können, um frühzeitig Risiken zu erkennen und diese abzuwehren. KI kann aber auch eingesetzt werden, um Cyberangriffe zu radikalisieren. Daher wird im vierten Kapitel der *Dual-Use-Character* von KI veranschaulicht. Hierfür werden drei Effekte von KI auf die Entwicklung von Cyberbedrohungen benannt. Nachfolgend wird der rechtliche Rahmen von KI reflektiert, weil zunehmend KI-Systeme implementiert werden, bei denen Datenschutz eine zentrale Rolle spielt. Angesichts der neuen Dynamik, die KI-Systeme in den Bereichen IT-Sicherheit und rechtlicher Rahmen hervorrufen, werden die hiervon abzuleitenden technischen und organisatorischen Maßnahmen beschrieben.

Die zugrundeliegende Arbeit dient lediglich als Impuls oder Orientierungsansatz, um das Potenzial von KI zu umreißen bzw. zu verdeutlichen, welche zukünftigen Szenarien durch den Einsatz von KI verwirklicht werden können.

2. Künstliche Intelligenz und IT-Sicherheit

2.1 Künstliche Intelligenz

KI ist ein Teilgebiet der Informatik, welches versucht, kognitive Fähigkeiten wie das Lernen, Planen oder Problemlösen in Computersystemen zu realisieren. KI-Systeme allegorisieren menschliche Intelligenz. Eine allgemeingültige Definition von KI ist nicht gegeben, da der Intelligenzbegriff nicht eindeutig definiert ist. Das Verständnis von KI hängt vom Stand der Technik ab. Ziel der KI-Forschung besteht darin, moderne KI-Systeme (Lernende Systeme) wie Maschinen, Roboter und Softwaresysteme in die Lage zu versetzen, abstrakte Aufgaben sowie Probleme auch unter veränderten Bedingungen selbstständig zu bearbeiten und zu lösen, sodass die Programmierung von einzelnen Schritten durch Menschen nicht mehr notwendig ist. Bereits heute können KI-Systeme selbstständig in einem definierten Aufgabenbereich, wie zum Beispiel durch Sprach- oder Bilderkennung, Probleme lösen und zählen somit zur schwachen KI. Im Gegensatz dazu kann die Leistungsfähigkeit der starken KI mit menschlichen Fähigkeiten gleichgesetzt werden, weil die Leistungsfähigkeit der starken KI nicht auf ein definiertes Aufgabengebiet beschränkt ist.[1]

Maschinelles Lernen zählt zur Schlüsseltechnologie der KI, denn auf Basis großer Datenmenge sollen Maschinen mittels Mustererkennung Modelle entwickeln, die auf neue und unbekannte Situationen übertragen werden können. Hierbei wird zwischen dem überwachten und unüberwachten Lernen differenziert.[2]

Bei dem überwachten Lernen erlernt der Algorithmus eine Funktion aus gegebenen Paaren von Ein- und Ausgabedaten. Der Algorithmus erhält sowohl Rohdaten als auch Daten für das zu erwartende Ergebnis. Ziel bei dem überwachten Lernen ist es, dem Netz durch unterschiedliche Ein- und Ausgaben die Fähigkeit anzutrainieren, selbst Assoziationen herzustellen. Wenn der Lernalgorithmus beispielsweise einen Hund von einem Wolf unterscheiden soll, so werden Hundebilder sowie Wolfsbilder eingespielt.[3]

Bei dem unüberwachten Lernen werden lediglich Rohdaten ohne ein festgelegtes Prognoseziel geliefert. Dadurch wird für den Lernalgorithmus die Basis geschaffen, selbstständige Klassifikatoren zu identifizieren. Der Vorteil des unüberwachten Lernens gegenüber dem überwachten Lernen besteht darin, dass in großen und unstrukturierten Datensätzen interessante und relevante Zusammenhänge erfasst werden können. Ein Beispiel hierfür ist die Segmentierung von Kundendaten nach Zielgruppen.[4]

---

[1] Vgl. Fraunhofer IMW (o. D.), S. 8
[2] Vgl. J. Müller-Quade et al. (2019), S. 5
[3] Vgl. ebd.
[4] Vgl. ebd.

Das Prinzip KI-Modelle mit maschinellen Lernverfahren zu trainieren beruht darauf, dass das gespeicherte Wissen in den Datensätzen durch die Anwendung von maschinellen Lernalgorithmen extrahiert wird. Somit wird das KI-Modell durch die Faktoren eingesetzter Traningsdaten und dem Lernalgorithmus determiniert.

2.2 IT-Sicherheit

IT-Sicherheit bezeichnet den Schutz digitaler Daten der elektronisch gespeicherter und zu verarbeitenden Informationen. Des Weiteren ist die IT-Sicherheit ein Teil der Informationssicherheit, denn diese umfasst sowohl die IT-Sicherheit als auch die Sicherheit von nicht elektronisch verarbeiteten Informationen.

Im Laufe der Zeit hat sich das Verständnis von IT-Sicherheit modifiziert. Zu Beginn definierte IT-Sicherheit die Abwesenheit von Gefahren und Schwachstellen. Diese Vorstellung ist nicht mehr zeitgemäß; vielmehr wird in aktuelleren Publikationen IT-Sicherheit als individueller Begriff wahrgenommen. Im Vordergrund von IT-Sicherheit steht, dass IT-Systeme allgemein als sicher gelten, wenn die Schutzziele Vertraulichkeit, Verfügbarkeit und Integrität sichergestellt sind und zusätzlich die Bereitschaft zur Risikoübereinnahme vorhanden ist, da eine abschließende und umfassende IT-Sicherheit nicht gewährleistet werden kann.[5]

Selbst *Security by Design* kann nicht endgültig garantieren, dass Systeme frei von Schwachstellen sind, sondern lediglich Gefahren minimieren.[6] Hinzu kommt noch, dass IT-Systeme sich dynamisch entwickeln.

3. Künstliche Intelligenz unterstützt IT-Sicherheit

KI zählt zur Schlüsseltechnologie, um Prozesse zu automatisieren sowie die Geschwindigkeit und die Präzision zu steigern. Zudem wird sie dafür eingesetzt, der Herausforderung begegnen zu können, mit maschinellen Lernverfahren in Aufgabenfelder einzudringen, die zuvor nicht mit einem programmierten Algorithmus abgebildet werden konnten. Infolgedessen können Unternehmen KI-Systeme einsetzen,

---

[5] Vgl. Engelhardt (2020), S. 14
[6] Vgl. Wittpahl (2019), S. 73

um die IT-Sicherheit von IT-Systemen zu erhöhen, die im folgenden Kapitel vorgestellt werden sollen.

3.1 Angriffserkennungssystem

Anlässlich der anwachsenden Vernetzung durch Internet der Dinge eignet sich das maschinelle Lernverfahren, um in großen Datenmengen mögliche Trends und Anomalien zu erkennen, die verwendet werden können, um die Leistungsfähigkeit von Angriffserkennungssystemen (*Intrusion Detection System*) zu stärken. Mit Angriffserkennungssystemen können Angriffe effizienter identifiziert werden.[7]

Das Angriffserkennungssystem ist eine reguläre Maßnahme zum Schutz von IT-Systemen. Es ist eine progressive Sicherheitslösung, welche vorwiegend in Unternehmen eingesetzt wird, damit Angriffe auf Computersysteme oder auf Netzwerke schnellstmöglich identifiziert werden können. Das Ziel von dem Angriffserkennungssystem ist die Detektion von ungewöhnlichen Datenverkehr, indem Netzwerkaktivitäten überwacht werden. Hierfür werden relevante Daten gesammelt, sortiert und ausgewertet. Das Angriffserkennungssystem beruht zum einen auf Missbrauchserkennung und zum anderen auf Anomalie-Erkennung.[8]

Bei der Missbrauchserkennung werden Muster und Zeichenketten (Signaturen) bereits stattgefundener Angriffe, die aus einer vordefinierten Datenbank extrahiert werden, mit Ereignissen verglichen. Folglich ist die Voraussetzung für die sinnvolle Anwendung von Missbrauchserkennung, dass ein bekannter Angriff vorliegen muss, damit das KI-Modell die Ereignisse gegenüberstellen kann. Aus diesem Grund wird die Methode Missbrauchserkennung mit der Methode Anomalie-Erkennung ergänzt.[9]

Bei der Anomalie-Erkennung werden Angriffe registriert, die vom Systemverhalten des Normalbetriebes abweichen. Hierbei können sowohl hostbasierte als auch netzwerkbasierte Angriffserkennungssysteme eingesetzt werden. Erstere werden auf das zu schützende System installiert und analysieren beispielsweise Daten aus

---

[7] Vgl. J. Müller-Quade et al. (2019), S. 6-7
[8] Vgl. ebd.
[9] Vgl. ebd.

Ereignisprotokolldateien (Logs), wohingegen netzwerkbasierte Angriffserkennungssysteme den gesamten Netzwerkverkehr analysieren.[10] Lernende Angriffserkennungssysteme haben gegenüber konventionellen Angriffserkennungssystemen den wesentlichen Vorteil, dass Datenbanken nicht kontinuierlich manuell aktualisiert werden müssen, was dazu führt, dass ein hoher Arbeitsaufwand wegfällt.[11] Sie können vor der Anwendung mit bekannten Angriffsmustern trainiert werden (überwachtes Lernen) oder selbständig aus betrieblichen Netzwerkaktivitäten lernen (unüberwachtes Lernen). Jedoch ist zu beachten, dass die Anwendung von Angriffserkennungssystemen komplex ist, weil die Identifikation eines Normalzustands aufgrund der Schnelllebigkeit sehr erschwert ist und die Entstehung neuer Muster keine Seltenheit darstellt.

3.2 Abwehrsystem

Das Angriffserkennungssystem wird des Öfteren mit einem Abwehrsystem (*Intrusion-Prevention-System*) erweitert, welches in der Lage ist, selbständig Gegenmaßnahmen einzuleiten, was zur Folge hat, dass Verteidigungen gegenüber Angriffen teilweise automatisiert werden. Ein Beispiel hierfür wäre, dass der Datenverkehr mit einer bestimmten Quelle automatisch blockiert wird. Wie bei dem Angriffserkennungssystem dient das Abwehrsystem meist als Ergänzung zur Firewall oder wird direkt in die Firewall implementiert. Fortschrittliche Abwehrsysteme sind in der Lage, sowohl host- als auch netzwerkbasierte Sensoren anzugreifen. Folglich kann das Abwehrsystem das Netzwerk und die dazugehörenden Systeme schützen.[12] Zum jetzigen Zeitpunkt herrscht wenig praktische Erfahrung mit automatisierten KI-Abwehrsystemen. Ein mögliches Zukunftsszenario wäre, dass KI-Systeme mit getroffenen Mitarbeitermaßnahmen als Reaktion auf Cyberangriffe trainiert werden, damit bei ähnlichen Cyberangriffen das KI-Abwehrsystem das erlernte Wissen bzw. die erlernte Gegenmaßnahme den Mitarbeitern als Entscheidungsunterstützung zur Verfügung stellt. Wichtig für die Wirksamkeit von dem KI-Abwehrsystem ist, dass die

---

[10] Vgl. J. Müller-Quade et al. (2019), S. 6-7
[11] Vgl. ebd., S. 7
[12] Vgl. ebd.

vorgeschlagene Entscheidung für MitarbeiterInnen nachvollziehbar ist, damit diese sicherstellen können, dass sich das KI-Modell nicht von der Zielaufgabe wegentwickelt hat.[13]

3.3 Authentisierungsverfahren

Des Weiteren können KI-Modelle im Unternehmen für Authentisierungsverfahren genutzt werden, um die Identität von Personen und Maschinen sicherzustellen. Aktuell werden unter anderem KI-basierte Systeme wie die Gesicht- oder Spracherkennung eingesetzt, um die biometrische Komponente zu verifizieren.

Ein konkretes Anwendungsgebiet ist beispielsweise die Zwei-Faktor-Authentisierung. Der Identitätsnachweis eines Nutzers erfolgt hierbei durch die Kombination zweier unterschiedlicher und unabhängiger Komponenten. In der Regel wird dies durch Besitz (Ausweis) und Wissen (Passwort) geprüft. Die Zwei-Faktor-Authentisierung ist ausschließlich gültig, wenn beide Komponenten korrekt sind. Eine einzige ungültige Komponente führt bereits dazu, dass die Zugriffberechtigung abgelehnt wird. Unterdessen kommen biometrische Merkmale zum Einsatz, indem beispielsweise die Zwei-Faktor-Authentisierung durch den Besitz eines Ausweises und einer individuellen Eigenschaft (z.B. Gesicht) gekennzeichnet sind. Die Personenidentifikation bei Biometrie-Technologien erfolgt durch die Bildaufnahme und den automatisierten Bilddatenvergleich, wobei durch das KI-System der elektronische Bilddatensatz im Ausweis mit der Bildaufnahme verglichen wird.[14]

Abgesehen von KI-Anwendungen, die sich auf individuelle Personendaten fokussieren, besteht zusätzlich die Möglichkeit, verhaltensbasierte KI-Anwendungen zu nutzen, wie z.B. personenspezifische Tippmuster oder die Gangart eines Individuums. Hierfür müsste die KI-Technologie zwischen einem Menschen und einer Maschine bzw. einem weiteren KI-System, welches vorgibt, ein Mensch zu sein, unterscheiden und die Person abschließend verifizieren können.[15]

---

[13] Vgl. J. Müller-Quade et al. (2019), S. 8
[14] Vgl. BMWi (2019), S. 14
[15] Vgl. ebd.

Für alle drei vorgestellten Verfahren gilt, dass die Ergebnisqualität des maschinellen Lernverfahrens des Trainings und von der Qualität der Trainingsdaten tangiert wird und erst ein enorm großer Datensatz die Grundlage für ein qualitatives maschinelles Lernverfahren bildet.

Des Weiteren erfordert die Entwicklung von KI-Modellen eine hohe Bandbreite, insbesondere, wenn neuronale Netze auf Basis großer Datenmengen trainiert werden sollen. Im Vergleich dazu wird bei der Anwendung von KI weniger Rechenleistung benötigt als bei ihrer Entwicklung.[16]

4. Dual-Use von KI

KI-Systeme besitzen, wie die Mehrheit der Technologien, einen *Dual-Use-Character*, die für kriminelle Zwecke oder böse Absichten ausgenutzt werden können.[17] Das *Dual-Use*-Dilemma beschreibt die Tatsache, dass Gegenstände, Wissen und Technologien sowohl für nützliche als auch für schädliche Anwendungen eingesetzt werden können.[18]

Eine viel beachtete Studie zum Thema *Dual-Use-Character* von KI veranschaulicht drei mögliche zukünftige Effekte von KI auf die Entwicklung von Cyberbedrohungen. Die erste Art von Cyberbedrohung gepaart mit dem Einsatz von KI optimiert bestehende Angriffsstrategien, indem zum Beispiel *Social Engineering* Methoden automatisiert und personalisiert werden. Die zweite Art von Gefahr beschreibt die Entstehung neuer Bedrohungen, indem das genutzte KI-System gezielt manipuliert wird. Der letzte Effekt von KI auf die Entwicklung von Cyberbedrohungen fasst zusammen, dass diese einen neuen Charakterzug annehmen, da Cyberattacken mittels KI effektiver, effizienter und skalierbarer werden.[19]

Um Cyberangriffe zu verwirklichen, können CyberangreiferInnen sowohl KI-Systeme zweckentfremden als auch spezielle KI-Systeme für Cyberangriffe entwickeln. Dies hat zur Folge, dass Unternehmen im Zwiespalt zwischen der Nutzung innovativer Methoden und der Wahrung von IT-Sicherheit sind. Im Folgenden sollen einige mögliche Beispiele

---

[16] Vgl. J. Müller-Quade et al. (2019), S. 6
[17] Vgl. Brundage et. al. (2018), S. 16
[18] Vgl. Riebe & Reuter (2019), S. 46
[19] Vgl. Brundage et. al. (2018), S. 16-18

für verschiedene Szenarien skizziert werden, welche die drei Effekte von KI auf die Entwicklung von Cyberbedrohungen verdeutlichen.

4.1 Social Engineering

Beim *Social Engineering* kann es AngreifernInnen gelingen, mithilfe einer gezielten Manipulation Beschäftigte eines Unternehmens dazu zu verleiten, vertrauliche Informationen zu teilen, unrechtmäßige Zahlungen abzuwickeln oder *Malware* (Schadsoftware) auf ihren Systemen zu installieren. Des Öfteren werden beim *Social Engineering* menschliche Schwächen wie die Neugier oder Angst instrumentalisiert. Zudem können AngreiferInnen sich frei zugängliche Informationen wie persönliche Präferenzen von MitarbeiternInnen in Schlüsselpositionen mittels Auswertung sozialer Netzwerke beschaffen. Diese Informationen werden dann eingesetzt, um Angriffe zielgerechter auszulegen.[20] Zu den einfachsten und bekanntesten *Social Engineering* Methoden zählen *Phishing* Attacken, die massenhafte Versendung von E-Mails mit integrierten Links, die *Malware* enthalten.[21]

KI-unterstützende Cyberangriffe personalisieren und automatisieren *Social Engineering* Methoden. Bei *Social Enginnering* mithilfe von KI ist es möglich, zwischen zwei Arten von Cyberangriffen zu unterschieden: einerseits der Angriff auf die technische Komponente, anderseits der Angriff auf die organisatorische Struktur.

Zu den vielmehr technisch erfolgenden Cyberangriffen mittels KI zählen zum Beispiel *Spear-Phishing* Attacken. Das KI-System sucht automatisiert und gezielt Informationen in sozialen und professionellen Netzwerken, die extrahiert werden, um personalisierte *Websites*, *Links* oder *Mails* zu generieren, welche gegenüber *Phishing* Attacken den wesentlichen Vorteil haben, dass intelligente *Spear-Phishing* Attacken den Aufwand reduzieren und das Potenzial durch die Personalisierung deutlich steigern.[22]

Ein weiteres denkbares Angriffsszenario durch *Social Engineering* mithilfe von KI-Unterstützung, welches eher einen Angriff auf die organisatorische Struktur darstellt, ist, dass das Nutzerverhalten von Personen in Schlüsselfunktionen nachgeahmt werden

---

[20] Vgl. BSI (o. D.), IT-Sicherheit am Arbeitsplatz
[21] Vgl. BMWi (2019), S. 18
[22] Vgl. Brundage et. al. (2018), S. 14

9

können, beispielsweise mit einer Stimmimitationssoftware. Die Software basiert auf maschinellem Lernverfahren, welches mithilfe von einem selbstlernenden Algorithmus innerhalb von wenigen Minuten die Stimme eines Menschen erlernen und imitieren kann. In diesem Zusammenhang könnte die Betrugsmasche „*CEO-Fraud*" projiziert werden. Die Stimmimitation könnte im Telefongespräch beispielsweise behaupten, dass der/die *CEO* am Apparat ist, um befugte MitarbeiterInnen zu indoktrinieren und eine unrechtmäßige Zahlung zu veranlassen.[23]

Es ist anzumerken, dass Angriffe mittels KI-Systeme eine starke Rechenleistung benötigen. Eine Möglichkeit, die entsprechende Rechenkapazität für KI-Angriffe zu erbringen, besteht darin, *Hosts* und Rechenzentren im Vorfeld mittels *Malware* zu infizieren.[24]

4.2 Das genutzte KI-System

Es ist nicht nur möglich, KI einzusetzen, um bestehende Angriffsmethoden zu erweitern, sondern es besteht zudem die Gefahr, dass mithilfe von KI-Systemen neue Bedrohungsszenarien aufkommen, indem beispielsweise bestehende KI-Systeme manipuliert werden. Insbesondere lernende Systeme in den Bereichen autonomes Fahren, Wertpapierhandel oder digitale Gesundheitsversorgung müssen zum einen zuverlässige Vorhersagen gewährleisten und zum anderen Manipulationsangriffe abwehren. Hinzu kommt noch die Tatsache, dass insbesondere neuronale Netze bei der Anwendung in unsicheren Umgebungen sehr fehleranfällig sind, da diese durch verfälschte Eingaben manipuliert werden können.[25] Nachfolgend soll kurz skizziert werden, welche Möglichkeiten vorhanden sind, um KI-Systeme zu manipulieren.

Lernalgorithmen verarbeiten unterschiedliche Datenquellen, um Objekte zu erkennen und die Ereignisse vorhersehen zu können. Die Integrität der Eingabedaten ist nicht immer gegeben, wodurch das System getäuscht werden kann, was zu einer Fehlentscheidung verleitet.[26]

---

[23] Vgl. BMWi (2019), S. 18
[24] Vgl. Brundage et. al. (2018), S. 16
[25] Vgl. ebd., S. 17
[26] Vgl. ebd.

Im folgenden Paradigma ist das Training des maschinellen Lernsystems bereits abgeschlossen bzw. der Lernalgorithmus ist statisch und verändert sich nicht mehr. Ein bekanntes Beispiel hierfür ist die Manipulation eines Stoppschilds mittels Aufkleber oder Graffiti. Das lernende System im Fahrzeug ist aufgrund der Graffitibeschriftung nicht in der Lage gewesen, das Schild als Stoppschild zu identifizieren. Selbst die achteckige Form des Stoppschilds, ein zentrales Merkmal für menschliche FahrerInnen bei der Erkennung eines Stoppschilds, konnte vom maschinellen Lernsystem nicht ausreichend gewichtet werden.[27]

Eine weitere Angriffsstrategie, um neue Cyberbedrohungsarten hervorrufen zu können, besteht darin, KI-Systeme mithilfe von Trainingsdaten zu manipulieren. In diesem Szenario befindet sich der Algorithmus in der Trainingsphase.

Um eigenständige Lösungskompetenzen mithilfe maschinellen Lernens zu konstruieren, können KI-Systeme Millionen von Daten erfordern. Die Qualität des KI-Systems hängt von der Qualität der Traningsdaten ab. In der Praxis ist es unwahrscheinlich, dass die Richtigkeit derartig umfangreicher Datensätze gegeben ist, was wiederum dazu führt, dass manipulierte Beispiele im Trainingsstadium das lernende System beeinträchtigen. Die Auswirkung der Beeinträchtigung hängt von der Manipulationsintensität ab, welche zwischen reduzierter Vorhersagegenauigkeit bis zur gezielten Manipulation schwanken können.[28]

Ein Beweis dafür, dass KI-Systeme während des Trainingsstadiums manipuliert werden können, liefern Online-Übersetzungssysteme. Wenn für eine Sprache die internen neuronalen Netze aus geringem und explizitem Trainingsmaterial konstruiert wurden, kann dies zu falschen und unschlüssigen Ergebnissen führen. So ist es möglich, dass wenn ein Algorithmus überwiegend mit Extrembeispielen trainiert wird, z.B. mit Texten aus der Zoologie, und beispielsweise ein Baseballspielbericht übersetzt werden soll, dass der Output nicht im Zusammenhang mit dem Input steht. So wird das englische Wort „bat" als „Fledermaus" und nicht als „Schläger" übertragen.[29]

Ein zentrales Hindernis zur Durchführung von Cyberangriffen mittels KI-Systeme stellt die Entwicklung leistungsstarker Algorithmen dar. Diese erfordern entsprechendes

---

[27] Vgl. BMWi (2019), S. 19
[28] Vgl. J. Müller-Quade et al. (2019), S. 18
[29] Vgl. Wittpahl (2019), S. 198

fachliches Wissen sowie zeitliche und finanzielle Ressourcen. Doch die Herausforderung lässt sich relativieren, weil sich der Zugang zu relevanten wissenschaftlichen Erkenntnissen als unkompliziert erweist. Es ist möglich, viele neue KI-Algorithmen innerhalb eines kurzen Zeitfenster zu reproduzieren, weil beispielsweise in den meisten wissenschaftlichen Publikationen Quellcodes miteinhalten sind.[30]

5. Datenschutzrechtliche Anforderungen

Neben dem Einsatz von KI-Systemen zur Steigerung der IT-Sicherheit oder die Sicherheit zur Wahrung der KI-Systeme müssen ebenso die datenschutzrechtlichen Anforderungen für die KI eingehalten werden.

Aufgrund der Rahmenbedingungen der zugrundeliegenden Arbeit werden im Folgenden einige datenschutzrechtliche Anforderungen zur KI näher beleuchtet. Jede datenschutzrechtliche Anforderung im Zusammenhang von Entwicklung und Einsatz von KI-Systemen ist relevant für Unternehmen. Doch Grundsätze, die beispielweise die Objektivierung und Diskriminierung von Menschen verbieten, sind offensichtlich. Aus diesem Grund wird auf diejenigen Grundsätze intensiver eingegangen, wo restriktive Auslegungen der Grundsätze Unternehmen in der Praxis vor Herausforderungen stellen könnten und technische und organisatorische Standards im Unternehmen erfordern.

Der weiterführende Abschnitt wurde auf Basis der „Hambacher Erklärung der 97. Datenschutzkonferenz" ausgearbeitet.[31]

Für die Entwicklung und den Einsatz von KI-Systemen, in denen personenbezogene Daten verarbeitet werden, regelt die Datenschutz-Grundverordnung (DS-GVO) zentrale Vorgaben, um Grundrechte und Grundfreiheiten natürlicher Personen zu schützen. Im April 2019 wurde auf der 97. Konferenz der unabhängigen Datenschutzaufsichtsbehörden des Bundes und der Länder die „Hambacher Erklärung zur Künstlichen Intelligenz" verabschiedet.[32]

Folgende Grundsätze sind bei der personenbezogenen Datenverarbeitung gemäß Art.5 DS-GVO durch KI-Systeme zu berücksichtigen: Rechtmäßigkeit, Verarbeitung nach

---

[30] Vgl. J. Müller-Quade et al. (2019), S. 16
[31] Vgl. DSK Datenschutzkonferenz (2019)
[32] Vgl. ebd.

Treu und Glauben, Transparenz, Zweckbindung, Datenminimierung, Richtigkeit, Speicherbegrenzung. Diese Grundsätze müssen gemäß Art. 25 DS-GVO durch rechtzeitig festgelegte technische und organisatorische Maßnahmen von den Verantwortlichen umgesetzt werden.[33]

KI-Systeme dürfen ausschließlich für verfassungsrechtlich legitimierte Zwecke eingesetzt werden und das Zweckbindungsangebot nicht aufheben. Erweiterte Verarbeitungszwecke müssen mit dem ursprünglichen Erhebungszweck vereinbar sein. Dies gilt ebenso für die Nutzung personenbezogener Daten im Rahmen des Trainings von KI-Systemen.[34]

Des Weiteren muss KI „transparent, nachvollziehbar und erklärbar"[35] sein. Personenbezogene Daten müssen aus der Perspektive von betroffenen Personen möglichst kohärent verarbeitet werden. Folglich setzt dies eine transparente Verarbeitung voraus. Die Informationen über den Verarbeitungsprozess und die verwendeten Trainingsdaten müssen zugänglich und verständlich sein. Entscheidungen, die auf Basis von KI-Systemen getroffen wurden, müssen nachvollziehbar und erklärbar sein.[36]

Lediglich die Erklärbarkeit im Hinblick auf das Ergebnis ist nicht ausreichend. Hierbei muss gewährleistet werden, dass die Prozesse und das Zustandekommen von Entscheidungen nachweislich sind. Ebenso müssen die betroffenen Personen über die involvierte Logik in Kenntnis gesetzt werden. Die geschilderte Transparenz-Anforderung ist stetig zu gewährleisten, solange KI-Systeme zur Verarbeitung von personenbezogenen Daten angewendet werden. Die Rechenschaftspflicht der Verantwortlichen bezüglich des Nachweises der Transparenz und der Informationspflicht bleibt bestehen.[37]

KI-Systeme werden auf Basis großer Datenmengen trainiert. Hier gilt der Datenminimierungsgrundsatz für personenbezogene Daten, wobei dessen Verarbeitung auf das Mindeste reduziert werden sollte. So ist es möglich, dass Daten nur vollständig anonym verarbeitet werden dürfen, was zur Erreichung des legitimen Zwecks vonnöten ist.[38]

---

[33] Vgl. DSK Datenschutzkonferenz (2019)
[34] Vgl. ebd.
[35] Vgl. ebd., S. 3
[36] Vgl. ebd.
[37] Vgl. DSK Datenschutzkonferenz (2019)
[38] Vgl. ebd., S. 4

Darüber hinaus müssen für die Konzeption und den Einsatz von KI-Systemen technische und organisatorische Maßnahmen, wie zum Beispiel die Pseudonymisierung von personenbezogenen Daten, eingesetzt werden, damit die Datenverarbeitung durch KI-Systeme gesetzeskonform ist. Gegenwärtig liegen keine speziellen Standards oder detaillierte Anforderungen für die datenschutzkonforme Nutzung von KI-Systemen vor.[39]

6. Organisatorische Maßnahmen und Auswirkungen

Für die Einhaltung rechtlicher Sicherheitsvorgaben und die Ausführung optionaler Sicherheitsvorhaben ist die Planung und die Durchführung von organisatorischen und technischen Maßnahmen zentral. Nachfolgend werden wesentliche Normen und Managementmodelle vorgestellt.

6.1 Erfassung von Schutzmaßnahmen

Dieser Teil befasst sich eher mit dem operativen Geschäftsbetrieb. Lernende Systeme, die insbesondere in sicherheitskritischen Anwendungen eingesetzt werden, erfordern spezifische Schutzmaßnahmen. In der Praxis empfiehlt es sich, zunächst alle KI-Systeme zu ermitteln und diese anschließend als Objekt zu erfassen. Hierbei sind Differenzierung und Klassifizierung maßgeblich. Auf der einen Seite kann das KI-System im Unternehmen eingesetzt werden, um die IT-Sicherheit zu erhöhen. Auf der anderen Seite muss die Sicherheit vom KI-System geschützt werden. Daher empfiehlt sich im Zusammenhang auf das *Dual-Use*-Potenzial, unterschiedliche Szenarien in Betracht zu ziehen, um Zweckentfremdungen von KI-Systemen entgegenzuwirken. Im Anschluss sollten Objekte hinsichtlich ihres Gefährdungspotenzials klassifiziert und möglichen Maßnahmen zugeordnet werden. Die erfassten Schutzmaßnahmen sollten darauf ausgerichtet sein, KI-Systeme vor Angriffen zu schützen und die Robustheit gegenüber Manipulationen zu erhöhen. Aus diesem Grund würde es sich anraten, insbesondere die Traningsdaten hinsichtlich der Qualitätseignung zu prüfen und kritisch zu hinterfragen, ob es den technischen und den rechtlichen Anforderungen entspricht.

---

[39] Vgl. DSK Datenschutzkonferenz (2019)

6.2 Meldepflichten

Grundsätzlich gelten in Deutschland für alle Unternehmen Meldepflichten auf dem Gebiet des Datenschutzes. Sicherheitsvorfälle, die mit einer Verletzung des Schutzes personenbezogener Daten verbunden sind, sind an die zuständigen Landesbeauftragen für Datenschutz zu melden. IT-Störungen, die zu einem Ausfall oder einer Beeinträchtigung der Systeme sowie zu Störungen mit einem außergewöhnlichen Charakter führen, müssen an das BSI als zuständige Aufsichtsbehörde weitergeleitet werden.

Des Weiteren plant die Bundesregierung explizit für KI-Systeme, die ein hohes Risiko allegorisieren, ein Register sowie eine Meldepflicht bei Unfällen einzuführen.[40]

6.3 Compliance

Es ist empfehlenswert, eine neue *Governance* für KI-Systeme einzuführen. Des Weiteren besteht die Möglichkeit, dass KI-generierte Vorhersagen oder Entscheidungen bei Bedarf verändert oder amplifiziert werden müssen, da KI-Systeme keinen deterministischen Charakter haben. Darüber hinaus ist es absehbar, dass in naher Zukunft Regulierungsbehörden konkretere Regulierungsanforderungen adressieren werden und diese kritisch revidieren, wobei insbesondere KI-geschützte Entscheidungssysteme hiervon betroffen sein werden.

Im ersten Schritt sollten Unternehmen sowohl die regulatorischen Anforderungen als auch die unternehmensintern entwickelten und eingesetzten KI-Systeme identifizieren und verstehen. Idealerweise würde sich ein interdisziplinäres *Change-Management-Team*, welches Themenbereiche wie IT und Compliance betreut, zusammenführen, damit regulatorische Anforderungen verstanden und entsprechende Maßnahmen zur Sicherstellung der Compliance abgeleitet werden können. Diese kann übergeordnete regulatorische Ziele, beispielsweise die Dokumentation von KI-Systemen, definieren.

Im zweiten Schritt würde sich die Implementierung einer *Governance* eignen. Zu den Aufgaben gehören die Entwicklung und Anwendung von Compliance-Richtlinien und

---

[40] Vgl. Krempel (2020)

die Wahl geeigneter Nachweise mit dem Ziel, die geforderten Regularien sicherzustellen. Es ist ratsam, dass *Governance* mit dem operativen Geschäftsbetrieb insbesondere auf Basis der erfassten Schutzmaßnahmen eng zusammenarbeitet. Zudem sollte *Governance* gewährleisten, dass die regulatorischen Anforderungen mit den erfassten Schutzmaßnahmen übereinstimmen. Auf Basis dessen sollte *Governance* die Einhaltung der erfassten Schutzmaßnahmen testen.

Darüber hinaus ist es wichtig, das Bewusstsein der MitarbeiterInnen im Umgang mit KI-Angriffen zu stärken und sie insbesondere im Hinblick auf *Social Engineering* und den damit möglichen neuen einhergehenden Bedrohungsszenarien hinreichend zu sensibilisieren.

7. Fazit

Der Einsatz von lernenden Systemen in sicherheitskritischen Anwendungen setzt eine große Sorgfalt sowie die Integration von Schutz- und Abwehrmaßnahmen voraus. Auf der einen Seite müssen Schutzkonzepte entwickelt werden, um insbesondere Lernalgorithmen zu schützen. Auf der anderen Seite müssen rechtliche Anforderungen eingehalten werden.

Jedoch besitzen KI-Systemen ein enorm großes Potenzial, unabhängig davon, ob die IT-Sicherheit gesteigert werden soll oder ob es für böse Absichten zweckentfremdet werden kann. Aus diesem Grund sollten sich Unternehmen dem bestehenden Angriffsrisiko bewusst sein, aber nicht davon abgeschreckt werden, innovativere Systeme zu nutzen. Forschung und BSI sind sich einig, dass eine abschließende IT-Sicherheit nicht gewährleistet werden kann. Es gilt, mögliche Risiken durch technische und organisatorische Schutzmaßnahmen zu minimieren und präventiv zu handeln, indem Vorfälle zur Kenntnis genommen und entsprechende Maßnahmen und Vorkehrungen für die Zukunft getroffen werden.

KI-Systeme sind in der Lage, zum einen qualitativere Ergebnisse zu liefern und zum anderen unentdeckte Ergebnisse zu identifizieren, ohne manuell programmieren zu müssen. Angesichts dessen ist die Erklärbarkeit von KI maßgebend. Abschließend ist zusammenzufassen, dass der Einsatz von KI keine Disziplin für einen Einzelnen

MitarbeiterInnen ist, sondern eine interdisziplinäre Angelegenheit darstellt, die unterschiedliche Kompetenzen erfordert.

KI und IT-Sicherheit sind umfassende Themen, die einer intensiverer Auseinandersetzung bedürfen, als es in der vorliegenden Seminararbeit möglich war Aufgrund der Rahmenbedingungen konnte unter anderem keine nähere Erläuterung von neuronalen Netzen erfolgen. Des Weiteren konnte während der Recherche festgestellt werden, dass die bestehende Literatur eher darauf ausgelegt ist, Bedrohungsszenarien zu schildern als konkrete technische Ansätze zu nennen, wie Manipulationen von KI-Systemen reduziert werden können oder technisch überprüft werden kann, ob eine Manipulation vorliegt. Daher besteht Forschungsbedarf zum Thema Schutz der KI-Systeme, insbesondere im Hinblick auf lernende Systeme.

Literaturverzeichnis

Bundesamt für Sicherheit in der Informationstechnik. (2021). *Digitale Gesellschaft: IT-Sicherheit am Arbeitsplatz.* BSI für Bürger. https://www.bsi-fuer-buerger.de/BSIFB/DE/DigitaleGesellschaft/IT_Sicherheit_am_Arbeitsplatz/IT_Sicherheit_am_Arbeitsplatz_node.html (Zugriff 18.01.2021).

Bundesministerium für Wirtschaft und Energie. (2019). Künstliche Intelligenz (KI) in Sicherheitsaspekten der Industrie 4.0. In: *Plattform Industrie 4.0*, S. 14-19. https://www.plattform-i40.de/PI40/Redaktion/DE/Downloads/Publikation/KI-in-sicherheitsaspekten.pdf?__blob=publicationFile&v=4 (Zugriff 18.01.2021).

DSK Datenschutzkonferenz (2019). Hambacher Erklärung zur Künstlichen Intelligenz. Entschließung der 97. Konferenz der unabhängigen Datenschutzaufsichtsbehörden des Bundes und der Länder. https://www.datenschutz.rlp.de/fileadmin/lfdi/Konferenzdokumente/Datenschutz/DSK/Entschliessungen/097_Hambacher_Erklaerung.pdf (Zugriff 18.01.2021).

Engelhardt, Max. (2020). *Hacking & IT-Security für Einsteiger: Der leichte Weg zum IT-Security-Experten.* BMU Verlag. ISBN 978-3-96645-081-2.

M. Brundage et. al. (2018). The Malicious Use of Artificial Intelligence: Forecasting, Prevention, and Mitigation. S. 16-18. https://www.eff.org/files/2018/02/20/malicious_ai_report_final.pdf (Zugriff 18.01.2021).

Frauenhofer- Zentrum für Internationales Management und Wissensökonomie IMW & Universität Leipzig (o. D.). Künstliche Intelligenz (KI) im Unternehmenskontext: Literaturanalyse und Thesenpapier. In: *Fraunhofer-Zentrum für Internationales*

Management und Wissensökonomie IMW, S. 8-11. https://www.imw.fraunhofer.de/content/dam/moez/de/documents/Working_Pape r/190830_214_KI_in_Unternehmen_final_FM_%C3%B6ffentlich.pdf (Zugriff 18.01.2021).

J. Müller- Quade et al. (2019). Künstliche Intelligenz und IT-Sicherheit: Bestandsaufnahme und Lösungsansätze. In: *Lernende Systeme – Die Plattform für Künstliche Intelligenz*, S. 5-19. https://www.acatech.de/publikation/kuenstliche-intelligenz-und-it-sicherheit-bestandsaufnahme-und-loesungsansaetze/ (Zugriff 18.01.2021).

Krempel, Stefan. (2020). *Künstliche Intelligenz: Bundesregierung will Meldepflicht bei Unfällen.* heise online. https://www.heise.de/news/Kuenstliche-Intelligenz-Bundesregierung-will-Meldepflicht-bei-Unfaellen-4799791.html (Zugriff 18.01.2021).

Riebe, Reuter., Reuter, C., (2019). Dual-Use in der IT: Bewertung in der Softwareentwicklung. In: *Wissenschaft & Frieden*, (1), S. 46-48. http://www.peasec.de/paper/2019/2019_RiebeReuter_DualUse_WuF.pdf (Zugriff 18.01.2021).

Wittpahl, Volker. (2019). *Künstliche Intelligenz: Technologie | Anwendung | Gesellschaft.* Springer Vieweg. https://doi.org/10.1007/978-3-662-58042-4